Género Fantasía

I0799116

¿? Pregunta esencial

¿Cómo ayuda la gente en la comunidad?

Los amigos del árbol

Sarah Hughes

ilustrado por Viviana Garofoli

¿Qué le pasa al árbol?
¡Está casi pelado!
Eso no es bueno.

Beti va a llamar
a sus amigos.
Ella tiene una idea.

Beti ata las hojas.

Pero las hojas se van.

Beti y sus amigos tapan el árbol. Le ponen una sábana.

Pero las hojas se van.

¿Tiene sed el árbol?
Beti le da de beber.

Pero las hojas se van.

Ahí está Rabito. Los amigos del árbol le piden ayuda.

—Todos los años, las hojas se van —dice Rabito.

—¡Pero en unos meses salen más hojas!

—¡El árbol está sano! —pía Beti—. ¡Te quiero, árbol!

Los amigos del árbol silban y saltan contentos.

Respuesta a la lectura

Volver a contar

Vuelve a contar *Los amigos del árbol* con tus propias palabras.

Personaje	Ambiente	Sucesos

Evidencia en el texto

1. Mira la página 4. ¿Qué hace Beti? Personaje, ambiente, sucesos

2. Mira la página 10. ¿Quién viene a ayudar a los amigos del árbol? Personaje, ambiente, sucesos

3. ¿Cómo sabes que *Los amigos del árbol* es un cuento de fantasía? Género

Género **No ficción**

Compara los textos

Lee acerca de una tarea comunitaria.

¡Basta de basura!

Mira la arena. Ahí no debe estar la basura. La basura es mala para el mar. La basura es mala para los animales. ¿Quién va a dar una mano?

Usa esto para limpiar

1. bolsas
2. pala
3. gorro
4. protector solar
5. guantes

¿? Haz conexiones

Mira ambos textos. ¿Cómo ayudan los animales al árbol? ¿Cómo podemos nosotros ayudar a la naturaleza?

El texto y otros textos

Enfoque:

Género

Fantasía Los cuentos de fantasía son historias inventadas que no podrían ocurrir en la vida real.

Lee y descubre En *Los amigos del árbol*, los animales hablan y piensan. Los animales reales no pueden hacer eso.

Tu turno

Imagina que eres un pájaro. Ves un árbol que parece enfermo. ¿Cómo tratarías de curarlo? Haz un dibujo para mostrar qué harías. Coméntalo.